AF277794

Los hombres son hierba

Chantal Maillard

Los hombres son hierba

Utopías

Cinco ratones ciegos
Breviario n.º 2

Galaxia Gutenberg

FSC
www.fsc.org
MIXTO
Papel
FSC™ C184949

Publicado por
Galaxia Gutenberg, S.L.
Av. Diagonal, 361, 2.º 1.ª
08037-Barcelona
info@galaxiagutenberg.com
www.galaxiagutenberg.com

Primera edición: mayo de 2026

© Chantal Maillard, 2026
© Galaxia Gutenberg, S.L., 2026

Preimpresión: Maria Garcia
Impresión y encuadernación: Romanyà-Valls
Plaça Verdaguer n.º 1, 08786-Capellades
Depósito legal: B 584-2026
ISBN: 979-13-87605-88-9

Índice

PREÁMBULO

Hoy, mientras retomo la palabra en esta página, caen bombas sobre los escombros de Gaza, sobre sus hospitales, sus escuelas, sus últimos refugios, y los cuerpos siguen estallando por los aires. En los noticiarios, los muertos dejaron de contarse. Hace ya décadas que Gaza se convirtió en una prisión a cielo abierto. Ahora es un campo de exterminio. Los que aún siguen vivos aprenden que un día más de vida es un día más en los horrores del infierno. Entretanto, los gobiernos del mundo, con su lengua bífida, articulan, por un lado, tenues advertencias mientras que, por otro, conciertan acuerdos para proporcionar material bélico al ejército de un Estado que tan impune se sabe que no duda en extender la masacre de acuerdo con las indicaciones de sus antiguas y muy convenientes Escrituras: «En cuanto a las ciudades de esos pueblos que Yahveh tu Dios te da en herencia, no dejarás nada con vida» (*Deuteronomio*, 20, 16-17). El dios de Moisés, ciertamente, nunca fue compasivo.

De la necesidad de superar la estrecha moral del semejante («no hagas al prójimo –próximo– lo que no quieras para ti»), he hablado extensamente en otra parte.[1] Es evidente que, si queremos evitar las contiendas, el remedio pasa, como comentaba allí, por ampliar los marcos de pertenencia rompiendo los estrechos cercos (llámense patria, raza, nación, partido, grupo, etcétera) dentro de los cuales nos guarecemos. Hasta hace poco, y a pesar de las múltiples pruebas de lo contrario, pensé que nos situábamos en un momento de nuestra (breve) Historia en el que sería posible ensanchar esos cercos, y no sólo los más inmediatos, también aquellos que nos confinan en los estrechos límites de nuestra propia especie. Me doy cuenta ahora de mi ingenuidad. No sólo no hemos salido del más estrecho de los cercos, el del prójimo-próximo, sino que lo hemos fortalecido.

1. Ver *¿Es posible un mundo sin violencia?*, Vaso Roto, 2018, y *Decir los márgenes*, Galaxia Gutenberg, 2024.

Tampoco parece que hayamos mejorado mucho, desde los tiempos pretéritos, en el modo de gestionar nuestras sociedades. Para algunos, la defensa del sistema europeo forma parte aún de la ideología misionera de quienes, creyendo firmemente en la superioridad de su cultura, desean verla adoptada por el mundo entero –siempre que ese mundo tenga, por supuesto, algo que ofrecer a cambio. Su cultura, sin embargo, a la hora de la verdad, no pasa de ser un bonito discurso; su paz, el disfraz, intramuros, de las atrocidades que se siguen perpetrando extramuros; su justicia, la reglamentación de sus conveniencias; su libertad, un producto que se vende barato; su democracia, una parodia televisiva.

Y es que nuestras democracias, de las que tanto nos enorgullecemos, hacen agua por doquier. En realidad nunca fueron el modelo ideal que nos presentaban nuestros libros de texto. La política de partidos no es mejor que la de un (buen) gobernante autocrático si tanto los individuos que los integran como aquellos que los votan no han aprendido a gobernarse a sí mismos en el mejor sentido ni se han entrenado en actuar libres de intereses personales. Más bien todo lo contrario pues, a las malas, como decía Stuart Mill, es más complicado deshacerse de todo un partido que de un solo individuo. Eso suponiendo que la mayoría fuese inteligente, lo cual es realmente difícil que ocurra cuando lo que impera es la mediocridad. El mayor enemigo de una buena democracia es precisamente esa disposición de la mayoría a dejarse adoctrinar por cualquiera que tenga medios persuasivos suficientes y a aplaudir incluso a quienes consigan, de ese modo, anular su capacidad de juicio y utilizarla en su propio beneficio. Sin una educación del pensar, tan utópico será imaginar una democracia que no lleve integrado su propio material de combustión como la posibilidad de que Diógenes lograse finalmente encontrar a una persona íntegra entre la muchedumbre.

Sobrepasada, actualmente, por acontecimientos que demuestran, una vez más, la ilimitada maldad de los poderes y la hipocresía de quienes se someten a su imperio, dudo de que cualquier fórmula de convivencia superior que se proponga no sea una utopía. Y si quiero pensar que aún tiene sentido escribir lo que escribo, lo hago, sin embargo, con una amarga sensación de inutilidad, para un tiempo postrero en el que aquello que sobreviva deberá empezar de cero. Tiempos terminales.

Si escribo, pues, no es ya para que el agua envenenada pueda beberse sino, simplemente, porque es lo que sé hacer.

En Málaga,
a 14 de octubre de 2024

LOS HOMBRES SON HIERBA
UTOPÍAS

El mundo natural se sostiene sobre una violencia primera: el hambre. Pensar un mundo, en este planeta, donde la violencia no existiese no es una utopía, es un delirio. Un delirio que muchas poblaciones humanas compartieron como, por ejemplo, cuando algunas imaginaron un jardín o paraíso en el que unas criaturas desprovistas de cuerpo vivirían en paz, eternamente iguales a sí mismas. Sin cuerpo, sin órganos dispuestos para la asimilación de lo ajeno, sin circuito de ingesta y deyección, etéreos, estos seres existirían sin conocer el hambre, liberados de la rueda. Un paraíso no es otra cosa que un lugar en el que el hambre no existiría, en el que ni el tiempo ni el espacio para la depredación fuesen necesarios porque el motor del sistema se habría detenido. Espacio y tiempo no son, en efecto, otra cosa que las condiciones de posibilidad de la actividad del hambre.

Claro que podríamos soñar un mundo en el que la depredación ocurriese sin dolor, o que no hubiese conciencia del dolor, un mundo en el que los seres se ingiriesen los unos a los otros en perfecta armonía o en el que, sin células nerviosas, nos transformásemos al modo en que lo hacen los minerales al contacto con el fuego. Pero lo cierto es que todo ser teme la muerte, todo animal se defiende, huye, grita, todo árbol contrae sus hojas y se retrae.

Lo miremos desde donde lo miremos, este universo nuestro es, fuera y dentro de cada viviente, un complejo organismo autopoiético formado por miríadas de elementos que defienden, junto a otros y frente a otros, la reduplicación de su propio código: la multiplicación de su figura. Hablar a este respecto de *sympoíesis*, como lo han hecho algunꭤs autorꭤs al modo en que lo hiciera Donna Haraway (que, por cierto, no inventó el término), siempre que la partícula «con» (*syn*) implique un valor positivo, forma parte, a mi entender, de los discursos utópicos. Crearse con otrꭤs,

junto a otr∂s, mediante, a través, bajo y por
encima de otr∂s, en la trama siempre, por supuesto, coimplicad∂s en el entramado, no hace
más amable la situación, sólo hace más evidente la inter-dependencia de todo con todo,
de tod∂s con(tra) tod∂s por, para y a pesar de
tod∂s.

No, este no es el mejor de los mundos ima-
ginables. Y como escribió Henri Michaux hace
ya más de medio siglo: «Estos ya no son tiempos de paraísos». Son tiempos para intentar
ver claro y para decidir. Podemos elegir: en
nuestra mano está seguir participando o no:
bajarse de la noria es nuestra libertad. Pero si
nos quedamos, si decidimos seguir en vida,
que sea con todas las consecuencias, sin la-
mentarnos ni hacer uso de bálsamos ni de re-
franes cursis. Las mariposas y las florecillas
son hermosas, sí, pero la belleza no les pertenece a las cosas, es un modo de percibir, y
nuestros medios de percepción no son algo
gratuito, son instrumentos del sistema, medios
para la supervivencia del individuo y de su especie. El animal cultural que somos llama bello a aquello que le atrae y le disuade de poner
fin a su vida. Así la inteligencia se equilibra. Lo
bello es una de las muchas estrategias del siste-

ma, una manera de atraparnos aligerando la conciencia cuando se dobla bajo el peso de la sombra. ¿Cómo suicidarse contemplando los colores cambiantes del cielo al atardecer y el horizonte en llamas en los confines de las tierras del Sur?... Yo, como el Principito, desplazo mi silla un poco cada día, repliego el dolor de mis huesos, y aplazo la salida.

UTOPÍA 1. Un mundo mejor. Voluntad de acción común.

Demos por supuesto que hayamos decidido quedarnos y que apostamos, como se dice ahora, por un mundo mejor. Tod∂s sabemos el daño que le estamos haciendo al planeta y, por tanto, a nuestra propia especie; todos sabemos cuáles son las causas. De lo que se trata es de intentar revertir el proceso, algo que habrá de hacerse ahora a nivel global. Las acciones particulares son acciones eficaces, pero no cambiarán el mundo si no tiene lugar un cambio de parámetros en nuestra forma de ver el universo y en los valores que, a tenor de ello, sostienen nuestra economía (privada y pública). Sin duda, estamos hablando de utopías.

Es cierto que, en los últimos decenios, se han efectuado cambios al respecto en ciertos ámbitos, públicos y privados, pero es evidente también que esto no es suficiente, y mucho menos desde que las redes suplantaron con tanto éxito, entre los más jóvenes, nuestros mejores medios pedagógicos.

Ahora bien, para que los gobiernos apoyen las medidas necesarias, deberá darse una serie de factores encadenados:

(1) Que los gobiernos estén formados por personas competentes con voluntad de acción conjunta. Para lo cual es necesario (2) que exista una mayoría con capacidad para pensar más allá de sus intereses particulares, esto es, una población educada políticamente.

Por educación política entiendo: una educación que sea a la par ética y senti-mental. Porque la teoría no sirve de mucho si no se es capaz de actuar en consecuencia. Para ser capaz de actuar para el mayor bien de tod∂s (human∂s y no human∂s), es necesario que la ética (el conocimiento del *ethos*, es decir, del hábitat al que pertenecemos) vaya acompañada de una educación senti-mental. Por educación senti-mental entiendo aquella que nos lleve a la comprensión de la naturaleza de la mente y de cómo ciertas ideas logran transformar las emociones en ideas que terminan dictando nuestras acciones.

Claro que, para ello, necesitaremos (3) un sistema de educación que tenga en cuenta ambas cosas. Lo cual a su vez requiere –y aquí es donde la pescadilla se muerde la cola– (4) dirigentes competentes con voluntad de propiciar este tipo de educación. Y así volvemos a la casilla número 1.

La utopía: hallar el modo de sacarle a la pescadilla su cola de la boca.

UTOPÍA 2. La abolición de los partidos. Revisión del sistema democrático.

El sistema democrático tiene sus vicios. Uno de ellos atañe a la mayoría; otro, a los partidos.

Con respecto a lo primero diré, sin rodeos, que la mayoría nunca piensa bien. Mejor dicho, no piensa, sólo opina. Y cuando la mayoría se mueve, como es generalmente el caso, guiada por opiniones que a su vez son fomentadas por intereses personales y excitadas por movimientos senti-mentales, la acción que de ello deriva nunca es la correcta.

Con respecto a los partidos, indicaré tan sólo que, como nos recordaba Simone Weil, la idea de partido no entraba en la concepción política de la Revolución francesa de 1789 sino como un mal a evitar. No se pudo evitar: los partidos nacieron a la vez que el Terror. Y con el Terror, el totalitarismo: «Todo partido es totalitario en germen y en aspiración», decía Weil. Pues un partido nunca es la totalidad, un partido es una parte de una totalidad y, por lo tanto, por definición, ningún partido defenderá el interés de todðs, sino el interés de unðs en contra del de otrðs.

La utopía consiste en pensar que en una sociedad políticamente educada no habría necesidad de partidos salvo para debatir cuestiones de infraestructura (en las que caben preferencias), nunca de justicia pública.

Los partidos, no lo olvidemos, no siempre los lideran personas debidamente cualificadas. No deja de ser significativo que para liderar un partido no se requiera tener un máster en ciencias políticas ni, lo que es más importante, pasar una prueba de aptitudes en la renuncia a los propios intereses en el ejercicio de las funciones públicas.

La democracia, dicen, es un mal menor. No estoy segura. A la vista de sus derivas actuales, de lo que no cabe duda es de que puede y debe mejorarse.

UTOPÍA 3. De la moral del semejante a la ética de la compasión. Los marcos de pertenencia.

La convivencia de la gran mayoría de las poblaciones humanas se ha regido por el principio de equivalencia. El principio de equivalencia se establece a partir del reconocimiento de una igualdad o de una semejanza radical. La capacidad de ver a otr∂ como «igual» o «semejante». Cuantos más datos sean similares (misma especie, misma raza, misma lengua, mismas fronteras, mismos enemigos, mismos caracteres genéticos, misma sangre, etc.) más «semejante» será el otro o la otra para mí. Se forman entonces los cercos. De mayor a menor. Porque entre l∂s semejantes también l∂s hay que son más semejantes y otr∂s que menos, según el género, la clase social, las relaciones familiares, la afición, el partido político, etcétera. Todo lo que nos une nos distingue de otrᴈs, todo lo que nos asemeja nos separa, todo «mismo» hace de otro «el otro».

La moral del semejante es la que nos protege del otro, el desemejante, el diferente. La máxima no dice «No hagas a otrᴈ lo que no quisieras para ti» o «Trata al otro como a ti mismᴈ». Lo que dice es «Trata a tu *semejante* como a ti mismo». Pero ¿dónde acaban mis límites? ¿Cuál es el cerco en el que me incluyo? ¿Hasta dónde soy capaz de abrir mi cerco, de ensanchar mis marcos de pertenencia?

El principio de equivalencia ha quedado obsoleto. Es indispensable pasar de la moral a la ética. A diferencia de la moral, la ética atiende al hábitat, y el hábitat es una compleja urdimbre de múltiples estratos, entretejidos, superpuestos, de partículas que actúan en perfecta interdependencia. Necesitamos una ética cuya justicia no se entienda como equivalencia sino como equilibrio, cuyos valores no se basen en una semejanza restrictiva, sino en la conciencia de una semejanza radical: la pertenencia a este mundo. Y a partir de allí, entonces, el respeto, la comprensión, la atención y el cuidado.

Utopía donde las haya, que enuncio mientras vemos acrecentarse en las pantallas el número de afiliad∂s a todo tipo de grupos y cofradías. Tanto es el miedo de cada cual a sentirse perdido entre la multitud...

UTOPÍA 4. Un mundo compasivo. El menor daño posible.

Algunos filósofos piensan que la empatía que podamos tener con l∂s de otras especies –y, por tanto, la legislación de sus derechos– habría de medirse por el grado de conciencia que tuviesen del dolor. Esto justificaría, según ellos, que «otorgásemos derechos» a los grandes simios, pero no así a otros mamíferos, ni a los pájaros, ni mucho menos a los peces, a los que no parece que sepamos entender lo más mínimo, ni a las medusas, ni a las salamanquesas, ni por supuesto a los hongos o a los seres del reino vegetal... en fin, a todo aquello que no demuestre su padecimiento de forma parecida a como lo hacemos los humanos.

Nos cuesta salirnos de los patrones antropocéntricos y, en el mejor de los casos, de la altivez de su proteccionismo, sus concesiones, la lamentable conciencia de una injustificada superioridad.

La utopía es que logremos entender el universo como un todo viviente y empecemos a respetarlo por igual en cada una de las miríadas de formas que su actividad (llámese materia, substancia, naturaleza, vida, energía, soplo, espíritu, o cualquier otro nombre que se nos ocurra) adopta a nuestros ojos. La utopía es que el ámbito de lo político deje de ser el circo que es en estos tiempos y que quienes se instalen en él asuman su responsabilidad como cuidador∂s del hábitat (*ethos*).

UTOPÍA 5. Ethopolítica y ecosofía.

Es indispensable que sustituyamos tanto la economía (*oiko-nomos*) como la ecología (*oiko-logos*) por una ecosofía (*oiko-sophía*). Lo primero (de la economía a la ecosofía) significa que sustituyamos la gestión (*nomos*) de lo privado (*oikos*) por una sabiduría (*sophía*) del hábitat. O dicho aún de otra manera, que reemplacemos el cálculo y el valor del beneficio por el valor de la convivencia. Lo segundo, que pasemos del discurso (*logos*) acerca del hábitat a la comprensión (*sophía*) del hábitat del que formamos parte. Esto supone invertir los términos de pertenencia: el planeta no nos pertenece, nosotros le pertenecemos a él. No se trata de proteger, sino de comprender, cuidar y respetar.

Comprender esto nos lleva no sólo a ampliar la aplicación de los derechos (algo que corresponde a la moral) mucho más allá de la especie humana, sino a reconvertir la moral en lo que hubiese tenido que ser desde siempre: una ética. Lo que necesitamos hoy en día es recuperar la conciencia de que el planeta todo entero es un organismo al que no podemos agredir sin sufrir las consecuencias de sus alteraciones. Que cualquier parte de él que dañemos termina dañándonos a tod∂s. Una ethopolítica, es decir, una política del *ethos*, no es tan sólo cosa de polític∂s, es una forma de comportarse en com(o)unidad con la conciencia de que el mundo de la existencia, es decir, la vida misma, tal como la entendemos comúnmente, es un todo doliente, feroz, inestable, del que cada parte se encuentra sometida al tormento de tener que alimentarse de otras para servir a su vez de alimento a otras y así cumplir el ciclo interminable de un inmenso delirio. Esa conciencia no puede no ser compasiva. No puede no compren-

der que debemos evitar añadir más sufrimiento
al que la vida entraña de por sí.

Y para no llevarnos a equívoco, quiero dejar
claro lo siguiente: que una conciencia compasiva es aquella que rehúye tanto del sentimentalismo (efusiones o derrames de la sensibilidad
asociadas a comportamientos y/o ideas social-
mente aceptados) como del racionalismo antro-
pocéntrico asociado a la idea de la primacía de
una especie y/o de un reino sobre otros.

Hablo, pues, de una transformación de la
conciencia: de la conciencia de un sujeto que
piensa el mundo –lɘs otrɘs, lo otro– como objeto, a la conciencia de un *suceder-con*.

Pensar en términos de *suceder-con* es pensar en términos de interdependencia en vez de
en individuos monádicos. Inter-dependencia e
intra-dependencia. Los cuerpos no son esca-
fandras, son galaxias. Piensen en los millares
de seres que nos habitan, se relacionan, se mul-
tiplican, piensen en las metamorfosis que tienen
lugar en nuestro interior. Seres que mutuamente
se fagocitan, se expulsan, se entretejen. Y así
como es arriba es abajo, como decía Paracelso:
así en lo microscópico como en lo macroscópico.

«Tejidos de inter-dependencia» es la expresión que utiliza Isabelle Stengers, tejidos de

inter-dependencia sociales y biológicos. Eso es. Importa pensar cómo piensa nuestra ciencia, decía esta filósofa de la ciencia. Necesitamos una revolución copernicana en nuestra concepción del universo. Ver globalmente requiere modelos que enfoquen globalmente. Y esto no se logrará si no le devolvemos a la intuición el papel que ha desempeñado desde siempre en la recepción del entorno antes de que la razón se hiciera cargo de la parte que no le corresponde.

Esto –repito– no reemplazará el sistema universal del hambre por otro mejor pero, al menos, quizás podamos vivir en él de mejor manera.

UTOLPÍA 6. Los hombres son hierba. Modelos. Otro modo de pensar-decir.

Antes decía que importa pensar cómo piensa la ciencia. En el «cómo» se piensa está, por supuesto, incluido el lenguaje con el que se piensa. Según sea el lenguaje que adoptemos, así será nuestra forma de pensar.

A menudo recuerdo las hermosas páginas de un breve artículo que Gregory Bateson escribió en 1989 y que llevaba por título «Los hombres son hierba». A aquel científico poco ortodoxo le habían reprochado a menudo que pensara en términos poéticos más que en términos científicos. En vez de defenderse de ello, Bateson se tomaba la crítica como un elogio y explicaba (algo así como) que el universo no actúa silogísticamente sino metafóricamente.

Recordaremos la primera forma modélica («Barbara») del silogismo aristotélico: «Todos los hombres son mortales / Sócrates es un hombre / luego Sócrates es mortal». Como dijo una vez el científico constructivista y cibernético Heinz von Foerster, el silogismo es aquella máquina trivial en la que si metes a tus amigos, todos salen cadáver. No podemos imaginar cuántas veces hemos tenido que recordar la mortalidad del pobre Sócrates para aprender a funcionar, también nosotros, como una máquina trivial: Si esto, entonces aquello. Si le doy al interruptor hacia arriba, se enciende; si hacia abajo, se apaga (salvo que tenga lugar un cortocircuito, claro está... ¡Bendito azar este que a veces interviene para salvarnos del aburrimiento!). La educación nos convierte en máquinas triviales, repetimos lo aprendido. Y si nos rebelamos, lo hacemos de la misma manera. No cambiamos el modelo.

Salvo en los geniales quiebros que les imprimen a las teorías una fructífera deriva, las ciencias han seguido, por lo general, la misma lógica repetitiva. Y es eficiente en muchas cosas, es innegable. Pero no lo es tanto a la hora de pensar la vida o el funcionamiento de nuestra mente. Según el esquema silogístico, Sócrates es mortal porque esa es la conclusión que está dada en la premisa, contenida en ella y requerida por ella. Todo silogismo es una redundancia. Bateson prefería pensar, siguiendo el esquema metafórico, que los hombres son hierba. Y no le faltaba razón. La metáfora es una figura de lenguaje que establece conexiones entre conjuntos semánticos alejados los unos de los otros por medio de la coincidencia, a menudo insignificante, de uno tan sólo de sus elementos. Aunque ilegítimamente, la metáfora permite hacer extensiva esa similitud a la totalidad de los dos conjuntos, de modo que ambos universos se fusionan y, al hacerlo, se enriquecen mutuamente de forma inesperada.

La hierba muere / Los hombres mueren / Los hombres son hierba.

Silogísticamente incorrecta, desde la lógica aristotélica la proposición sería evidentemente repudiada. Sin embargo, imagínense las deriva

ciones a las que pudiese dar lugar si partiésemos
de ella para pensar la vida... La vida no es sólo
biológica, ni mucho menos animal, la vida es
también mineral, atmosférica, acuífera, etc.
Todo crece y decrece, todo (lo) *inter*viene todo,
todo se combina, se reproduce y se transforma.
¿Quién no se ha admirado alguna vez ante la
semejanza entre el patrón estructural del delta
de un río y el de un árbol, por ejemplo, o el de
las nervaduras de una hoja? Cosas del arte, dirán. Sí, por supuesto. El arte trabaja con la metáfora. Un grave insulto, sin duda, para un científico como Bateson, que algunos compañeros
lo «tachasen» de artista. Pero él no se lo tomaba como un insulto, todo lo contrario.

   «La enfermedad de la filosofía es su ansia de
expresarse en las formas "Algún S es P" o
"Todo X es P"», escribía el filósofo matemático
Alfred North Whitehead. Todo intento de con-
servar las ciencias especializadas está viciado de
antemano por la recaída inconsciente en las formas (y fórmulas) de la lógica aristotélica que ha
dominado el pensamiento desde hace más de
dos mil años.[1]

1. A. N. Whitehead; *Modos de pensamiento*, Cactus,
2022, p. 157.

Y ¿qué hace Bateson? Desarticular la formulación misma de los patrones allí donde falla su engranaje: en la configuración misma de lo universal, en la manera de pensar las diferencias.

No tengo dudas de que la metáfora es el sistema más adecuado para pensar actualmente en términos de *suceder-con*. No tengo dudas tampoco de que pueda ayudarnos a pensar eso que sigue siendo para nosotros lo más desconocido: nuestra propia mente y sus niveles de conciencia.

El universo es un gran *analogon*, funciona por resonancias analógicas. Que no es una lógica deductiva, sino conectiva, inter-conectiva, lógica de transportes, inter-portadores: inter-*ferentes*.

No puedo no recordar aquí el fragmento de aquel texto védico, el Śatapatha *Brāhmaṇa*, en el que Brigu, hijo del dios Varuna le preguntaba a su padre en qué consiste la existencia. En vez de responderle con palabras, Varuna le envió a recorrer el mundo. Brigu volvió lleno de espanto. En las cuatro direcciones todo era terror, porque por todas partes los hombres se comían entre sí. Varuna, entonces, le explicó. Los hombres que viste al este son los árboles,

Cinco ratones ciegos

Chantal Maillard
**Para una educación
senti-mental**
Principios de ética aplicada

Cinco ratones ciegos
Breviario n° 1

Galaxia Gutenberg

Chantal Maillard
**Los hombres
son hierba**
Utopías

Cinco ratones ciegos
Breviario n° 2

Galaxia Gutenberg

Chantal Maillard
La vía previa
O cómo pensar una ascesis
para estos tiempos

Cinco ratones ciegos
Breviario n° 3

Galaxia Gutenberg

Chantal Maillard
El circo de la poíesis
Acerca del arte inútil

Cinco ratones ciegos
Breviario n° 4

Galaxia Gutenberg

Chantal Maillard
Pensar cómo pensar
Para una educación del habitar

Cinco ratones ciegos
Breviario n° 5

Galaxia Gutenberg

los que viste al sur, las manadas, al oeste son las hierbas y, al norte, los que gritan son las aguas, le dijo. Todo come y todo es comido. En eso consiste la existencia.

La hierba muere / Los hombres mueren / Los hombres son hierba.

¿Cómo no asentir al silogismo de Bateson?

UTOPÍA 7. Educación senti-mental. Ideas y emociones. Des-articulación de los sentimientos. Observación de la mente.

¿Es posible erradicar la codicia y la ambición, limitar la voluntad de poder a lo que necesitamos para nuestra supervivencia y la de aquellos de los que somos responsables? ¿Cómo hacerlo? ¿Cómo actuar sobre una materia que no conocemos, de la que ni siquiera somos conscientes? ¿No habremos de saber primero de qué se trata?

La propia mente parece ser lo último de lo que tenemos noción debido, sobre todo, a que confundimos nuestro propio yo con todo lo que (en ella) se procesa. Adherimos a ello como si toda idea o pensamiento fuese algo consciente y voluntariamente elaborado. Conviene, por tanto, en primer lugar, crear la distancia que nos permita verla funcionando.

La mente, por decirlo así, nunca deja de salivar. No hay mente, en realidad, lo que hay es proceso. Saliva. Un hilo de saliva en el que van enhebrándose las representaciones como las cuentas de un collar al que llamamos «yo».

Importa saber cortar el hilo. Des-articular las conexiones.

La educación senti-mental a la que me refería es el adiestramiento que nos permita

1) asistir al proceso de los actos de pensamiento;

2) desidentificarnos de lo que en él ocurra;

3) ver cómo nuestros movimientos reactivos (emociones) dan lugar a lo que llamamos «sentimientos» cuando se asocian a determinadas ideas (valores inculcados, hábitos de pensamiento, repeticiones varias) y cómo a estas amalgamas senti-mentales viene a añadirse automáticamente la creencia de que tales estados son nuestros. «Yo siento», decimos, sin darnos cuenta de que ese yo se ha ido fabricando en el proceso, de que *se* siente lo que *se* piensa y que el «se» es siempre cualquier cosa me-

nos un acto libre. La acción libre es aquella que se realiza sin condicionamientos, y esto no ocurrirá mientras sigamos adheridos a cada uno de nuestros actos mentales.

Aprender, pues, a retirarse y observar. Reemplazar la agitación por la atención. Dejar de alimentar el proceso. Entrar en calma.

Reemplazar los prejuicios por el juicio lógico, las creencias por la humildad, las opiniones por el conocimiento, las pasiones por la ecuanimidad. ¿Es esto una utopía?

HABLEMOS DE DEMOCRACIA

Hobbes no conocía a los lobos

La dialéctica era, en la Grecia clásica, el método con el que se pretendía llegar mediante la
palabra (*dia-logos*) a conclusiones lógicas y
convincentes. Con el tiempo, sin embargo, la
dialéctica se volvió mercenaria. Su fin ya no fue
llegar a conclusiones «universales» –y entenda-
mos el término no en el orden de las verdades
sino en el de la necesidad– sino lograr una vic-
toria. Con ello, no sólo suplantaba la retórica,
sino que dejaba atrás el campo de la discusión
–una modalidad tardía, moderna, del diálogo–
para convertirse en debate.

La palabra «discusión» proviene del verbo
discutere, que significa sacudir algo y dividirlo
en distintos fragmentos para poder examinarlo.
Así es como entendía Leibniz el análisis racional: separar algo en sus distintas partes para así
comprenderlo y luego volver a unir las piezas,

al modo en el que lo haría un relojero. La razón parece que sea incapaz de ver las cosas en su conjunto sin antes haberlas diseccionado, y puesto que habíamos perdido esa intuición que a los demás animales no les falta para actuar con certeza, esa fórmula no parecía ser del todo mala. La palabra «debate», en cambio, proviene del verbo *battuere*, que significa golpear, por lo que un debate es un combate. Nada que ver, por tanto, con la racionalidad.

Y si, cuando el *diálogo* se transforma en *discusión* estando el objeto en cuestión (en este caso el cuerpo social) sobre la mesa lo que tenemos es un cadáver del que se nos entrega el resultado de la autopsia, cuando la *discusión* se convierte en *debate,* lo que tenemos es la jauría disputándose los miembros del cadáver. Ni lo uno ni lo otro resulta evidentemente útil para la vida del organismo múltiple y plural de las sociedades actuales.

No está de más recordar que la guerra de todos contra todos, de la que los debates políticos (lo de «político» aquí es un eufemismo) son la fiel representación, es el legado que nos dejaron los pueblos patriarcales que invadieron la vieja Europa hace varios milenios. La rapiña, la colonización, el imperialismo, la esclavitud, la expoliación, son las formas del ansia que caracteriza a las sociedades guerreras. La economía de producción (y el valor que le otorga a la ganancia) no es sino la versión moderna de la cultura del ansia y su legitimación.

La guerra de todos contra todos no tiene por qué seguir siendo la norma. La incapacidad para el diálogo y el pacto es un claro síntoma del inminente declive de la ideología de producción. Señal de que el sistema del ansia ha llegado al punto de colapso. Necesitamos un cambio de paradigma. No será fácil, sin duda, habida cuenta de que, lamentablemente, no somos lobos. Está claro que Hobbes conocía mal a los lobos. De conocerlos habría sabido que, a diferencia de la nuestra, su especie nunca actúa rompiendo el equilibrio del ecosistema al que pertenece. El hambre es natural, pero el ansia no, el ansia es mental, como el odio o las ideas que formulamos en forma de gustos y opiniones. Y lo mental tiene tendencia a extralimitarse.

Vivimos en una cultura que premia el gusto y las opiniones personales. Una estrategia eficaz para el mercado, pero nefasta para la política. Pues esta no es, o no debería ser, la defensa de los intereses personales, sino el cuidado del hábitat. Y no porque los intereses personales de una mayoría coincidan serán por ello menos *privados* de sentido común: comunitario. ¿Seremos alguna vez capaces de ver este mundo como una totalidad orgánica pluridimensional y actuar en consecuencia?

Cuando el recuento de votos equivale al recuento de gustos y opiniones más gana lo que más agrada y los que menos piensan. La política, entonces, se convierte en pantomima; lo que debería ser diálogo, en simple pugilato, y el sistema electoral, en un juego de apuestas que ni siquiera contribuye, como la lotería nacional, a revitalizar las arcas públicas sino que las reduce considerablemente. Y mientras nos entretenemos con la farsa, el planeta se va a la deriva, las selvas arden, los hielos se derriten y todo lo importante para la vida se nos pierde.

Y no nos engañemos, daría lo mismo que en vez de varones fuesen mujeres las que ocupasen el estrado: mientras los valores y el sistema sigan siendo los que son, el resultado será el mismo. Necesitamos con urgencia una transformación estructural que dé paso a una sociedad orgánica no patriarcal y haga viable una nueva economía de subsistencia global basada no en el interés ni en la competencia, sino en el cuidado

y el respeto a todo lo que vive. El cuerpo social
está adoptando nuevas formas, formas híbri-
das, complejas, a las que no se adaptan los antiguos presupuestos, los antiguos valores, las
antiguas jerarquías y sus modos de gobernar.
Sobran intereses, sin duda, pero no faltan ideas.
Y por muy debilitad∂s que estemos por los se-
riales de los noticiarios y el atractivo de las
apuestas, tal vez encontremos la manera, entre
todo este ruido, de volver a hallar, muy dentro
de nosotr∂s, esa antigua resistencia que de niñ∂
nos hacía sentir libres y capaces de rediseñar el
mundo.

La falacia democrática

Robin Hood robaba las arcas del tirano para devolverle al pueblo las monedas sustraídas en impuestos. Vivía oculto en los bosques, sabiendo que si lo apresaban sería condenado a muerte. Hollywood se encargó de difundir el cuento como ejemplo de heroicidad y de la capacidad de revertir una situación en la que el poder es aplicado injustamente. Hoy el poder no se mide en monedas de oro y plata, sino en información. El poder lo tienen quienes la poseen –ya sea para difundirla, para manipularla o para destruirla– o quienes, directamente, son capaces de inventarla. Julian Assange creó la plataforma WikiLeaks con la misma intención que el héroe de Sherwood: redistribuir a la población lo que los poderosos le sustraen. Le costó largos años de persecuciones y encierros. Así que el cuento, este cuento, no es uno de los que terminan bien.

No voy a enumerar aquí las importantes filtraciones, algunas de sobra conocidas (quien tenga interés puede encontrar el listado en la Wikipedia), con las que esta plataforma puso en jaque al Pentágono a partir de 2006. Los documentos filtrados por Snowden, de los que tan sólo se dieron a conocer públicamente los que fueron desvelados por la soldada Manning, deberían haber causado un tremendo impacto en la población. No fue así. Snowden tuvo que exiliarse a Rusia (el único gobierno que le dio acogida), a Manning se le impuso una condena de treinta y cinco años, y poca o ninguna reacción tuvo lugar por parte de la población. ¿A qué se debe tanta pasividad? ¿A que no hayamos tomado conciencia, como pensaba el periodista Ignacio Ramonet (*El imperio de la vigilancia*, 2016), de que lo que está en juego son nuestras libertades? ¿No será más bien que estamos convencidos de que la política y la vida –la nuestra, la propia, la de cada día– son dos reinos separados y que lo que pase en el primero nos importa realmente poco si no nos vemos afectados directamente? Hoy mismo, ahora, mientras escribo esto, soy consciente de que por cada palabra hay algún niño, inocente aún, que salta por los aires o queda aplastado bajo los escombros de algún edificio. El polvo no sabe de puertas cerradas, me decía una mujer de las antiguas, una mujer sabia. Las bombas tampoco. Las bombas no hacen diferencias.

Me dirán entonces que no hay que olvidar que tenemos la suerte de vivir en un Estado democrático, que podría ser peor... Y aquí topamos con el auténtico problema. El problema es que no nos damos cuenta de que las actuales democracias tienen los pies de barro, las manos ensangrentadas y el corazón infecto y corrompido. Entendemos que el dictado de la mayoría es lo que determina el gobierno de un Estado democrático, lo cual es cierto, pero esta afirmación descansa sobre una doble falacia. La primera es la idea de que la mayoría (que nunca es la de todos los individuos, sino la de todǝs lǝs votantes) piensa mejor que el resto de la población. Este es un supuesto que confunde, obviamente, la cantidad con la calidad: un mayor número de neciǝs nunca hará una sociedad mejor y no hay razón alguna que avale la idea de que una mayoría haya de tener más juicio o más sentido común que una minoría, ni tan siquiera que uno solo de sus miembros. Por el contrario, lo lógico es pensar que el gobernante al que elijan nunca será el mejor, sino más bien, lamentablemente, el que mejor los representa. El circo político al que venimos asistiendo a nivel mundial desde hace ya demasiado tiempo da cuenta sobradamente de ello. Recordemos aquí aquel magnífico capítulo de la serie *Black Mirror* en el que un personaje de dibujo animado llega a presentarse a las elecciones quedando en un segundo puesto. No nos faltan muñecos en la presente etapa de la vergonzosa política mundial, a cada cual más caricatura de sí mismo. Y les votan. Y ganan.

La segunda falacia descansa sobre la idea de que la mayoría (de los votantes) elige por propia voluntad. Bien sabemos que la mayoría es manipulable. La manipulan quienes detienen las claves de la información y la capacidad de utilizarla en su propio beneficio. (Vimos el resultado de la utilización de los *big data* (los datos de información masiva sacados de las principales redes de comunicación), en 2016, tanto en la votación del Brexit[1] como en las

---

1. La película *Brexit: The Uncivil War* (Toby Haynes, 2019), protagonizada por David Cumberbach en el papel de Dominic Cummings, consejero del entonces primer ministro Boris Johnson, es una interesante puesta en escena de esta historia.

elecciones de Trump.) La manipulan quienes, por medio de mentiras y de burdas consignas, consiguen hacer aflorar en ella las emociones fáciles, a las que cree propias pero que son en realidad herencias culturales o, mejor dicho, herencias cultivadas, en las que cada cual se siente reconocido.

Las mayorías no son necesariamente las que toman las mejores resoluciones, sino las que más les convienen de acuerdo con sus intereses particulares inmediatos, los cuales, obviamente, no serán nunca los de tod∂s. De ahí la necesidad imperiosa de una educación en ese sentido. Una educación política rigurosa, histórica y no partidista. ¿Será esto posible? No lo creo. No mientras cualquier intento de mejorar la educación en este sentido sea torpedeado por quienes, de acuerdo con aquellos antiguos teólogos que aconsejaban a los clérigos no perder el tiempo tratando de evangelizar a los más sabios que, al fin y al cabo, son los menos, siguen cuidando el decorado, aderezando mentiras y abonando convenientemente los campos de la ignorancia.

La moral del semejante

«¿Puede un hecho fundar y justificar una ética?», se preguntaba Jacques Derrida, al reflexionar sobre la idea del semejante: «Es un hecho que experimento, en este orden, más obligaciones para con aquellos que comparten mi vida de cerca (los míos, mi familia, los franceses, los europeos, aquellos que hablan mi lengua o comparten mi cultura, etcétera). Pero este hecho nunca habrá fundado un derecho, una ética o una política».

Y es que lo que «de hecho» ocurre es que lo que nos importa es tan sólo lo que nos concierne. Y lo que hoy en día nos pone a salvo de que nos sintamos concernidos por todo lo que ocurre en el mundo es que lo recibimos por los mismos medios por los que recibimos la ficción. Nos pone a salvo el hecho de que las emociones generadas por lo que vemos en la pantalla sean las propias del espectáculo, emociones transformadas por la representación y, por tanto, neutralizadas en cuanto germen de rebeldía. Porque si recibiésemos lo representado no «en directo», sino directamente, es decir, en presencia viva, el impacto sería de tal magnitud (o al menos eso quiero pensar) que no nos dejaría in-diferentes en nuestra diferencia. De repente nos sentiríamos concernidos. De repente el otro, la otra, l∂s otr∂s, todo lo otro habría saltado la valla.

La moral del semejante deriva de una antigua fórmula de reciprocidad compartida por muchas tradiciones patriarcales: no le hagas al prójimo (próximo) lo que no quieras para ti. La encontramos tanto en las *Analectas* de Confucio como en el *Mahābhārata*, en el *Talmud* o en *Libro de Tobías*. Era una fórmula sin duda eficaz dentro de un cerco restringido, pero resultaría ineficaz en un mundo global que tuviese conciencia de que tod∂s y todo en este planeta –aquello a que llamamos «viviente» tanto como lo que no– está relacionado y se activa en interdependencia.

La moral del semejante crea a l∂s diferentes, aquell∂s de l∂s que tenemos que defendernos. Siempre que hay prójimo (hermano, próximo, igual) hay otro y, entre ambos, fronteras que designan y circundan lo propio, y donde hay propiedad hay codicia, y donde hay codicia hay guerra. En un mundo global hemos de pensar en términos ya no de moral, sino de ética, que es algo bien distinto. La moral es un conjunto de costumbres o reglas de convivencia; la ética es un habitar. La primera defiende lo que creemos que nos pertenece; la segunda, cuida el lugar al que todos pertenecemos. Pasar de la moral a la ética implica necesariamente ensanchar el marco de pertenencia. Y esto no puede hacerse de otra manera que tomando conciencia de lo que a todos nos asemeja: el hambre, el miedo, el dolor, la pérdida. He hablado a menudo de una ética de la compasión. Soy consciente de que la palabra está lastrada y se presta a equívoco. Puede confundirse con la piedad, concepto con el cual no tiene, sin embargo, nada que ver, o con el sentimentalismo, del cual se aleja por completo. Compadecer es comprender que todo, en este universo, responde a las mismas leyes. Aparición y desaparición y, entretanto, el esfuerzo por sobrevivir. ¿Cómo no aplicar, entonces, la fórmula de reciprocidad a cada uno de estos efímeros conglomerados de partículas (cuerpos, les llamamos) que luchan desesperadamente por mantenerse unidos por más tiempo?

Del yo al nos-(en)-otrǝs hay un largo camino. No es de tierra ni de asfalto, tampoco cruza fronteras ni las salta. Es un camino inverso. O invertido, según cómo unǝ se sitúe con respecto a sí mismǝ. Porque es preciso desplazar al yo en cierta medida para que quepan otrǝs dentro del cerco. Dentro del cerco está lo que creemos que nos pertenece: *mi* vida, *mi* pareja, *mi* familia, *mi* grupo, *mi* país, *mi* especie, *mi* planeta, *mi* universo... No nos damos cuenta de hasta qué punto el mundo y la (im)propia vida se nos escapan allí de entre los dedos. Pero el *mi* es fuerte, se adhiere a lo que nos rodea con la misma intensidad con la que los sentimientos se adhieren a nuestras opiniones. «Yo siento», decimos. En los sentimientos creemos. Y ellos dictan el pensar, el habla, la acción.

Nada menos ecuánime que los sentimientos. Nada menos racional, por eso, que las opiniones. Es tiempo de recordar la antigua distinción platónica entre la opinión (*doxa*) y el saber (*episteme*). Ningún debate de opinión conduce a pensar y a actuar correctamente porque la opinión nunca parte de una premisa sopesada y ecuánime. Nada menos ético, por tanto, que un debate de opinión. Y nada más vulnerable y manipulable que un individuo que no sea capaz de pensar con neutralidad senti-mental. Y es que sin neutralidad emocional no hay diálogo posible, no hay dialógica, no hay política. Sólo combate.

No, ni los hechos pueden justificar una política, ni los debates de opinión fundar una justicia o una ética. De ahí la necesidad, acuciante, de un aprendizaje en ese sentido. Una educación senti-mental que nos enseñe a tomar distancia del *mí*, del *nos* y, en definitiva, del miedo.

La lengua más afilada

Se le llama «argumento ad hominem» a la argucia lógica que consiste en refutar la argumentación del oponente desacreditando personalmente a quien la sostiene. Distraer la atención del/a oyente del tema de debate y desviarla hacia la persona del adversario es un recurso retórico que, utilizado desde los inicios de la oratoria, ha demostrado ser bastante eficaz. La audiencia crece con los ataques personales y no parece importarle demasiado la falta de elegancia que demuestran lǝs contrincantes, ni la carencia de conocimientos que pudiesen encubrir. Es ciertamente más sencillo crear adhesiones despertando aversiones que apelando a la razón. *Convencer*, a fin de cuentas, es *vencer,* y en el combate retórico más gana el/a que tenga la lengua – el arma – más afilada. Cuando se han invertido los términos, cuando ya no se trata de gobernar sino de ganar, el voto es el instrumento del que se saca... partido. *Con-vencer*, por tanto, es la clave, y para eso todo vale.

Pero ¿y si ante estos bochornosos espectáculos el circo se quedara vacío? ¿Y si no hubiese nadie dispuesto a pagar la entrada? O, dicho de otra manera, ¿y si en vez de echar balones fuera nos preocupásemos por educarnos? Pues si las cosas son así, ¿no será porque seguimos confundiendo el gobierno con el poder, el servicio público con la autoridad, la justicia con la conveniencia y el bien público con el bien de una parte y la parte con el todo? Porque, ciertamente, la mayoría no es la totalidad, ni la democracia es el gobierno de todo un pueblo. Nunca lo fue, en realidad. En las más antiguas democracias de Atenas, según comentaba Aristóteles (*Política*, III), convenía al ostracismo a aquel que, por su inteligencia o sus cualidades, destacara por encima de los demás. Era, decía el filósofo, lo equivalente a eliminar un detalle demasiado perfecto en una pintura mediocre en pro del equilibrio de la composición. Hemos tenido la oportunidad de comprobar que estas disposiciones, aunque tácitas, han seguido vigentes a lo largo de los siglos. Seguimos ajustando el cuadro a la mediocridad reinante.

La mayoría, en efecto, rara vez piensa bien. Pensar bien, políticamente hablando, es pensar con el ánimo ecuánime, y esto es algo que sólo puede conseguir una sociedad políticamente educada: una sociedad que no se deje influenciar por la retórica de l∂s candidat∂s, que haya aprendido a distinguir el ejercicio de la racionalidad de las inercias senti-mentales, que sea capaz de pensar con imparcialidad y tomar medidas justas incluso si contravienen los intereses personales, ¿es esto una utopía?

Probablemente. Tan utópico como la supresión de los partidos políticos que proponía Simone Weil en 1950, dos años después de la Declaración de los Derechos Humanos. O el despertar de una conciencia ética colectiva. Utópico, pero no imposible.

Todo partido es partidista, el nombre lo indica. Un partido es una porción de una totalidad partida, en la que el bien de unos nunca coincide con el bien de otros. El bien se dice de múltiples maneras. Y si se entiende como sinónimo del interés, a todas luces nunca será común, sino más bien contrapuesto. Justicia y bien público son términos que no a tod∂s conviene. Y si lo que un∂s entienden como «bien común» es aquello que revierte en su bien privado, es evidente que irá en detrimento del bien de otr∂s.

Una sociedad políticamente educada entendería que el bien común es cuestión de ética. La ética es una forma de habitar y de pertenecer que se basa en el respeto, y el respeto, en su forma natural, es lo que acompaña la conciencia de una equivalencia que no deriva de juicio alguno. Cuando faltan las vías que le permiten a esa conciencia común que yace bajo la historia personal de cada cual dictarnos la manera de actuar éticamente, recurrimos a la razón. La razón es lingüística y el lenguaje es lógico, así que la lógica nos brinda otra equivalencia. En el ámbito de la razón práctica, se le llama justicia.

Ahora, mientras las utopías devengan realidad, habremos de considerar el hecho de que la mayoría no piensa ni actúa con lógica, sino guiada por pasiones e intereses personales. De ahí que los partidos, que son, como decía Weil, máquinas de fabricar pasiones colectivas, tengan un lugar preeminente en el panorama político, y que tomar partido: situarse «en pro» o «en contra» de lo que generalmente no pasa de ser una opinión, haya sustituido la obligación de pensar. ¿Qué hacer entonces?

Como medida de urgencia, para empezar, dejar de asistir al circo. Dejar de seguirles el juego a quienes tratan de convencernos con argumentos pueriles o ganar nuestra simpatía descalificando al/a adversari∂. Si de combate se trata, la dignidad se impone: un gran enemigo es siempre preferible a uno mediocre. Tod∂ buen estratega sabe que la mediocridad del enemigo reduce la talla de su adversario y que quien descalifica a su contrario se descalifica a sí mism∂.

Después, comprometerse firmemente en el aprendizaje de la temperancia y la ecuanimidad.

Malas prácticas
A golpe de estandarte

Cuando, en marzo de 2019, se declaró la pandemia del COVID, para much∂s el mundo pareció venirse abajo. Sabíamos perfectamente que no era el primer desastre al que nos enfrentábamos y que tampoco sería el último, pero parece ser que en cuestiones de supervivencia no es el individuo racional el que recuerda, sino la especie, y la especie olvida siempre lo que no le conviene recordar.

Qué fácilmente olvidamos que este es un planeta inestable, una minúscula célula del universo en el que l∂s human∂s no valen más que cualquier otro conglomerado de partículas. Y con cuánta vanagloria presumimos de los logros de nuestras ciencias cuando, desde sus prácticas especializadas, pierden de vista lo más importante: la interconexión de todo con todo y el funcionamiento homeostático del universo que también somos. Hemos apostado por la idea del «ser», es decir, por la permanencia individual, y este no era el camino. Porque el «ser» es una entelequia, y la realidad, un proceso. Y a veces es bueno que una catástrofe nos despierte del letargo. También hemos apostado por la vida, dando por supuesto que esta era buena y que nos pertenece –aunque por lo visto a un∂s más que a otr∂s–, sin tener en cuenta que no se da sin su contrario. Una educación para la muerte, como parte de la educación senti-mental que propuse en más de una ocasión, sería deseable, pues el miedo tiene en ella su origen y quien desarticula el miedo se hace, entre otras cosas, inmune a las argucias de quienes pretenden manejarle.

El miedo, como bien sabemos, es un arma poderosa. Tan sólo el hambre la supera. Y entre el miedo y el hambre proliferan las ideologías. Súmase a ello el desconcierto que generan los cambios para un animal de costumbres como el humano, y el malestar de la precariedad cuando esta se instala en torno a él. Añádase la estupidez de un∂s y la ambición de otr∂s, y agiten. Cuando al desconcierto se suman las malas prácticas, el agua se vuelve turbia. Cuando a las malas prácticas se suman las malas intenciones, el agua se vuelve oscura.

Rentabilizar un cambio y dividir a golpe de bandera es la más vieja de las estrategias. Pero lo malo no es que algun∂s sigan empleándola, lo malo, lo realmente malo, es que siga funcionando. ¿Tan poco habremos aprendido en estos últimos siglos para no percatarnos de que detrás de un estandarte se ocultan mil fantasmas? ¿Que quienes se visten de bandera no llaman a la unidad sino que crean al enemigo? ¿Que cuando invitan a sus niñ∂s a agitar recuadritos de colores –¡qué bonito, tod∂s a una con la manita alzada!– l∂s están preparando para el odio?

Mover a la masa es cosa fácil. Una población son muchos individuos, la masa es sólo una. De entre los individuos, unos pocos, los más pausados, se retiran, toman distancia y atienden a las corrientes subterráneas. Otros piensan, sopesan y deciden. La masa ni se retira ni piensa, tan sólo opina y sigue. Lo social es un mal que se rige por el mimetismo y por el conflicto, decía el antiguo maestro Zhuangzi. Desarticularlo requiere el ejercicio de una libertad que en nada se parece a las sobrevaloradas libertades y empieza por el conocimiento de un∂ mism∂.

Mientras tanto, sin embargo, a pie de calle, sin reglamentos ni dictados, ajenos al coro discordante de los políticos, en tiempos de catástrofe, vemos cómo la gente se organiza para proveer techo, alimento y afecto a quienes no los tienen. ¿No será allí, en el origen de esos impulsos espontáneos alejados de directrices tendenciosas, donde podamos reconocer lo importante?

Henri Michaux quiso hallar una pre-lengua capaz de volver a decir las cosas en su movimiento, en su perpetua emergencia. ¿Cabría hablar de una pre-política que, sin retóricas ni estadísticas, sin pactos ni intereses, fuese capaz de devolvernos la concordia (*cum-cordis*), esa unidad de cuerdas interiores que sin palabras reconocemos al oído?

Todo gobierno es un mal, decía también Zhuangzi. Y todo reglamento –añado– el síntoma de una pérdida.

¿Qué se entiende
por pensar libremente?

Mantener a la población en la ignorancia y fomentar el odio ha sido siempre la doble estrategia de los partidos totalitarios cuando no pueden utilizar la fuerza para imponerse. El odio es un arma eficaz que necesita muy pocas ideas para germinar. No arraiga en la concordia ni en la razón cordial, sino en la voluntad de confrontación y el ansia de prevalencia.

Es fácil fabricar problemas. Se lanza una idea y se le pone nombre. Una vez nombrado, cualquier fantasma adquiere existencia. El siguiente paso es aún más fácil: se sitúa a lᴐs probables adversariᴐs en el reñidero y se lᴐs azuza. De inmediato vuelan las plumas. A favor o en contra del fantasma, lᴐs partidariᴐs se enzarzan, mientras en los altavoces se retransmite la pelea y el público hace sus apuestas.

Quienes, confundiendo la política con el poder, utilizan tales ruidosas artimañas saben que, de este modo, distraerán a la población de lo que más importa. Lo triste del asunto es que caemos en sus redes: opinamos, debatimos, nos enfrentamos y terminamos escupiendo lodo. Esto, por supuesto, no es hacer política. La política, la verdadera política, no se hace con opiniones sino proponiendo acciones que faciliten la convivencia, no que la deterioren. Y una de esas acciones es fomentar la educación política, es decir, la capacidad para pensar libremente, con datos objetivos transmitidos con total imparcialidad, y a partir de principios que tampoco se hayan establecido de antemano.

Cuando, desde algún gobierno en el poder, se restringen los medios para la enseñanza de la Historia política, la Historia de las religiones (es decir, de las mitologías) o la Filosofía de la ética con el fin de limitar la capacidad de pensar de las jóvenes generaciones, no se está haciendo otra cosa que desestabilizar los cimientos de un sistema social que necesitó de varias revoluciones para implantarse y que se resumía en aquellas tres palabras de Camille Desmoulins que los franceses incluyeron en su Constitución de 1848: libertad, igualdad y fraternidad, unas palabras que, en la actualidad, deberían poder aplicarse unánimemente más allá de todas las fronteras.

Pero ¿qué significa pensar libremente? ¿De qué o frente a qué podemos ser libres? Evidentemente no se trata aquí de libertad política, sino de aquella otra libertad que precede a toda libertad política y sin la cual esta no ha lugar. Pensar libremente significa pensar libre de conflictos interiores: aquellos que vienen producidos por la desinformación, la manipulación informática, los prejuicios, el adoctrinamiento y la incapacidad para gestionar las propias emociones y entender cómo y por qué o frente a qué se generan. Un individuo libre sería aquel que fuese capaz de pensar sin que nada de eso enturbiase su mente (en el primero de estos breviarios propuse un método para ello).

Ahora bien, esto no se consigue sin una formación adecuada. Y por adecuada entiendo aquella que, lejos de adoctrinar, enséñase a pensar correctamente.

Pensar «bien», o pensar correctamente, cuando de la razón discursiva se trata, no es tan sólo pensar de acuerdo con las reglas de la lógica sino, también y sobre todo, pensar sin que el pensar se vea afectado por emociones, sentimientos u opiniones. La lógica no ha de servir para confirmar opiniones ni dar razones al sentir. La lógica ha de ser utilizada con absoluta imparcialidad. Y esto no es un ejercicio trivial. Requiere un entrenamiento. Y este, en cualquier materia de la que se trate, habrá de comenzar con la revisión de las ideas de las que se parte. Porque si estas ideas están equivocadas, o si son dudosas, el razonamiento todo entero se desmoronará. Y eso en el mejor de los casos, porque si no se desmorona, creará un mundo sustentado por arenas movedizas altamente corrosivas.

Así pues, aprender a pensar es todo lo contrario de «formar opiniones». Aprender a pensar es poder hacer tabla rasa con las creencias, convicciones, opiniones y sentimientos heredados antes de poner sobre la mesa los diversos temas que afectan a la convivencia. Esto es lo que siempre fue –o debería haber sido– la enseñanza de la Ética, una disciplina que, en la educación secundaria de este país, se ha considerado siempre, lamentablemente, como «una maría»: una de esas asignaturas que no tienen importancia y que puede, por tanto, aprobarse sin necesidad de estudio. ¿Por qué será, si esta es precisamente una de las materias que más han preocupado a los pensadores de todas las culturas? Y no vale argumentar que a los alumnos no les interesa la filosofía, porque sí que les interesa, y mucho, aprender a dialogar con instrumentos lógicos adecuados, sí que les interesa participar en los asuntos públicos, y sí que están capacitados para hacerlo. La filosofía no es –o no sólo– metafísica (de esta se ocupa ahora mucho mejor la Física teórica), es ante todo un instrumento, una lente y, a la vez, el arte de pulirla. Los niños no son ositos de peluche. No hay que defenderles de la razón sino enseñarles a utilizarla correctamente, allí donde la razón alcanza.

No es la información ni la libertad de pensamiento lo que pone en riesgo la convivencia, sino el ansia de tener, de poseer y de poder. Esto sí que ha de preocuparnos. Y si el miedo a la libertad sigue siendo un problema, pensemos que solamente con ella serán capaces las nuevas generaciones de enfrentarse a los problemas reales y graves que habrán de resolver sin nuestro concurso y que solamente desde ella estarán en situación de poder concebir y programar un futuro más acorde con las necesidades de un planeta que lǝs más mayores no supimos preservar.

La vida de l∂s hij∂s
Acerca de la pertenencia

Es frecuente que se confundan las dos acepciones del verbo pertenecer: formar parte (de algo)
y ser propiedad (de alguien), una confusión que
puede no sólo ocasionar infortunados malen-
tendidos sino, también, consolidar formas de
pensamiento erróneas que repercutan en nuestros comportamientos, privados y colectivos.

La pertenencia no implica posesión. Podemos pertenecer a una especie, a una familia, un
club o una agrupación cualquiera, pero ni la
especie ni la familia ni el grupo nos poseen.
Nuestra pertenencia, natural o voluntaria, a un
grupo determinado conlleva ciertas responsa-
bilidades, sin duda, pero no por ello habrá de
anular nuestra libertad de pensar, de querer o
de actuar. Si lográsemos ser un poco imparcia-
les en nuestros juicios, entenderíamos que tampoco nuestros hijos nos pertenecen, ni a noso-

tros ni a ninguna agrupación colectiva. Pero ¿por qué seremos capaces de pensar correctamente en unos casos y en otros no? ¿Por qué seremos tan incapaces de desligar el pensamiento de nuestros sentimientos cuando estos se ven afectados?

Hay ideas que vehiculan sentimientos; las hay, incluso, que fabrican sentimientos. Y algunos de estos sentimientos, en cuanto son colectivamente aceptados, se convierten en verdades que corresponden a actuaciones no sólo apreciadas, sino requeridas por el entorno social al que pertenecemos. Y ¡ay de aquellɘs cuyo sentir no corresponda, entonces, al común sentir!

Cierto es que el lenguaje condiciona el pensar y puede inducirnos a ideas equivocadas. Es el caso de la expresión «tener un hijo», donde el verbo «tener» reemplaza maliciosamente el de «parir» o, incluso, esa fórmula tan poéticamente castellana, la de «dar a luz». Y es que «parir» o «dar a luz» es muy distinto a «tener un hijo». Lo primero no implica posesión, lo segundo sí. Y es porque el lenguaje nos acompaña y nos justifica que habrá quienes «tengan» hijɘs por propia conveniencia, o porque es normal tenerlɘs, o para no morir del todo, o para llenar un hueco o, incluso, para evitar que la pareja se rompa o para que alguien les cuide en su vejez. Se tienen hij∂s como se tienen mascotas o una casa o un trozo de tierra, porque el tener nos da mayor asiento, nos hace respetables y menos inseguros. Y es por eso, porque nos va en ello lo que aparentamos ser, que no puede el hijo o la hija defraudarnos: habrá de ser, pensar y comportarse como queramos que sea, piense y se comporte. Y es por eso también que, si nos sentimos pertenecer a un territorio, l∂s enviaremos a matar y a morir por una idea, como la de «patria», que únicamente favorece los intereses y las ansias de dominio de algun∂s dirigentes. Tal vez aún no nos hayamos dado cuenta de que tod∂s somos resultado de un mestizaje de siglos, que no hay nación que no resulte de una amalgama de desplazamientos y trasvases. L∂s bruselenses probablemente sean en esto l∂s más cuerd∂s cuando declaran con orgullo ser *zinneke*, una palabra que describe a l∂s perr∂s callejer∂s, sin raza, sin pedigrí, descendientes de todos aquellos que compartieron sus genes al pasar o aposentarse en aquellas regiones a lo largo de los siglos.

L∂s hij∂s no son una pertenencia, son una responsabilidad. Somos responsables de ell∂s en las dos acepciones del término: la de estar al

cuidado y la de ser causa. La obligación de
cuidarlǝs viene dada por la responsabilidad que
supone engendrarlǝs y traerlǝs a un mundo im-
predecible, difícil, complejo, cruel, y mucho
más extraño de lo que parece. De ahí que pro-
crear haya de ser, por nuestra parte, una deci-
sión bien meditada y no el resultado de una
pulsión, de una inercia o, lo que es peor, de
una necesidad colateral. Pues dar vida a un/a
hijǝ es igualmente entregarlǝ a la muerte, y esta
es una responsabilidad que, una vez conscientes
de ella, nos resulta imposible eludir. Y si, a pesar de todo, decidimos engendrarlǝ, habrá de
ser teniendo muy claro que deber nuestro será,
como mínimo, procurarle herramientas suficientes para asumir su muerte y la de otrǝs, y
una educación que le permita vivir y convivir en
la complejidad sin prejuicios ni trabas ideológi-
cas o, dicho de otra manera, que le enseñe a ser
dueñǝ y no esclavǝ de esa parte de sí que al pensar corresponde. Y quizás así también pueda, a
pesar de todo, perdonarnos.

Sísifo y la muerte

Una de las muchas fechorías de Sísifo fue enca-
denar a la Muerte cuando esta vino a buscarle.
Durante tres días la tuvo presa. Nadie podía
morir. El inframundo se quedaba vacío y la
Tierra se asfixiaba bajo el peso de los vivos.
Como dign∂s descendientes de Sísifo, también
nosotr∂s nos resistimos a morir. No entendemos que la muerte no es la cara opuesta de la
vida, sino aquella parte suya que la sostiene y
la hace posible. Sin muerte no hay vida. Todo
ser vivo se alimenta de otros y crece en el espacio que otros desalojan. Que en el universo (y
en política) las fuerzas opuestas no son contra-
rias (ni enemigas) sino complementarias es
algo que en Occidente, desde Parménides, tenemos dificultad en entender. La famosa cuestión de Hamlet se resolvería sin problema si la
formulásemos de otro modo. Porque ser o no

ser no es la cuestión. La cuestión es aprender a ver de otro modo. Quienes dicen amar la vida y entienden la muerte como un mal que debe ser erradicado se parecen a aquel que admira la faz iluminada de la luna y trata de extirpar su parte en sombra sin comprender que, aunque la luna siempre nos muestre la misma cara, no podría girar en su órbita ni sería la misma sin esa parte que no vemos.

Se escribió mucho y muy bien, durante el tiempo que duró la pandemia de 2020, acerca del luto y de la forma de morir. No obstante, me llamó la atención que hubiese dos cosas que, al parecer, a nadie le preocupaban. La primera es que nunca se pusiera bajo sospecha la idea de que «la vida es un bien», a pesar de que sea la premisa con la que se suelen justificar todos los mecanismos de defensa que, tanto desde lo público como desde lo privado, se activan en momentos de peligro. La segunda es la falta de coherencia de quienes, defendiendo esa premisa, no asumen, sin embargo, en la práctica, la universalidad que le otorgan cuando deciden defender a un∂s en detrimento o por encima de l∂s otr∂s. Pues si la vida es un bien en sí –algo que, repito, convendría revisar– y por ello ha de ser protegida, habrá de serlo siempre, en todo caso, para todo ser vivo y en toda circunstancia, sin prioridades, sin jerarquías de edades, procedencia, reino o especie. Pues no hay razón suficiente para afirmar que la vida del más próximo (prójimo) sea mejor o más importante que la de otr∂s, la de una niña más que la de una anciana, ni la de nuestra especie más que la de otras. Claro que la falta de coherencia podría deberse a que quienes defienden que «la vida es un bien» se hayan expresado mal, que no pretendiesen referirse a la vida, así, en abstracto, sino a *su* vida y la de los *suyos*.

Por otra parte, si se entiende que la vida es un bien, esta habrá de protegerse plenamente, con toda la muerte que entraña.

Proteger la muerte es respetar al que agoniza. Darle su tiempo, su silencio y la compañía o la soledad que desee. Proteger la muerte es no interferir en el proceso cuando este sea irremediable o cuando la persona así lo quiera. Proteger la muerte es permitir que, en esa hora, nos acompañen quienes amamos, cualquiera que sean las circunstancias. Proteger la muerte es no añadir sufrimiento al que sufre, darle el espacio de calma que requiere, no aturdirle con fármacos inútiles ni ruidos ni llantos ni alarmas. Proteger la muerte es, por parte de quienes sobreviven, cuidar las desapariciones.

Y esto, además de ser una cuestión ética (de gestión de lo privado), es también una cuestión política (de gestión de lo público). Pues ¿qué tipo de sociedad es esta que nos exige, en nombre de la vida, encerrar a nuestros mayores, privarles de su voluntad y sedarles para que no alboroten y así les faciliten el trabajo a quienes cuidan de ellos? ¿Qué tipo de leyes son esas que obligan a alguien a seguir viv∂ y se le «permita» morir tan sólo cuando ha llegado a una situación física que se juzga insoportable? ¿Quién es quién para juzgar lo que a otr∂ le resulta insoportable? Y ¿qué concepto de la «sanidad» es este, que confunde el remiendo con el remedio? Remendar es zurcir, hacer apaños más o menos provisionales. Remediar es curar, devolver la parte al todo. Los remiendos no curan. En el cuerpo social como en el cuerpo individual, la cura ha de tener en cuenta el organismo todo entero. Nuestras sociedades son cuerpos remendados. La moral defensiva del prójimo-próximo no beneficia al organismo social ni, por tanto, a la larga, a quienes la practican. Si en vez de prepararnos para el combate, en todos los frentes, nos ocupásemos de educarnos en la mejor comprensión de las relaciones, quizás estuviésemos en mejores condiciones para hallar el remedio que conviene.

Que el remedio pasa por un decrecimiento en todos los dominios es algo que aún no parece que tengamos claro. Decrecer es menguar. En violencia y en población. En soberbia y en ansia. Si esto se diese alguna vez, también decrecería la angustia, esa sombra que se adhiere a nuestra piel cuando algo interfiere en la «normalidad» de nuestra vida –eso que llamamos normalidad, que no es otra cosa que una transitoria adaptación al desamparo.

Acerca de lo colectivo

Hay polémicas –y no pocas– que se generan por falta de perspectiva, y otras, por no tener claro el sentido de los conceptos que entran en conflicto, dos errores que suelen originar falsos problemas, como el que surge, por ejemplo, cuando lo que entendemos por libertad personal no coincide con los derechos de lo colectivo. Lo malo de los falsos problemas es que pueden derivar en verdaderos conflictos. Conviene, por ello, procurar aclarar los términos y revisar los conceptos que utilizamos.

Dejaré el concepto de libertad para el final, pues me parece que se entenderá sin mayor dificultad en cuanto tengamos claro cómo podríamos entender eso de «lo colectivo», desde una perspectiva algo menos reducida. Mi pregunta, entonces, es: ¿A qué nos referimos exactamente cuando hablamos de lo colectivo? ¿De qué co-

lectividad estamos hablando? Porque, por poco
que tomemos distancia, vemos que, además de
las múltiples colectividades humanas y aquellas
otras que comparten nuestro entorno más inmediato (terrestre, acuático, atmosférico, etc.),
vivimos dentro y habitados por multitud de colectividades, sociedades de individuos macro y
microscópicas, con y entre las cuales se trazan
conexiones, se elaboran tejidos y se forman
pautas de comportamiento. El *ethos* es a la vez
un hábitat y un comportamiento. Las colectividades actúan unas dentro de otras, con y en
contra de otras, modificándose mutuamente
en perfecta (o imperfecta) dependencia, y lo que
asegura la subsistencia de una colectividad es
que esa interactuación tenga lugar dentro de un
orden, un orden que nostrǝs, lǝs humanǝs, evidentemente, no establecemos.

Nos han educado mal: queremos sobrevivir
a toda costa, por encima de todǝs. Pero proteger la vida de una especie en detrimento de las
demás altera el orden del sistema, la convierte
en plaga. Nos cuesta entender que el sistema
natural del que, lo queramos o no, formamos
parte es *autopoiético*: se crea a sí mismo y se
auto-regula. Cuando se origina un desequilibrio, procura corregirlo y, en ese proceso, cier-

tas importantes transformaciones tienen lugar. La rueda de la vida no se acabará por ello, pero sí nuestro mundo, aquel de los «derechos (meramente) humanos», unos derechos que hemos desplazado indebidamente desde el ámbito social donde se establecieron para la regulación interna de las sociedades humanas, al ontológico, para darles primacía sobre esas otras colectividades que son, sin embargo, las que nos soportan y nos permiten existir.

Las ciencias tienen hoy en día una responsabilidad a la vez ética y política. Y ni la ética ni la política pueden pensarse ya prescindiendo de las relaciones con esas otras colectividades (animal, vegetal, fungi, monera, etc.). Es tiempo que dejemos de pensar en organismos individuales y abandonemos los batiscafos desde los que observamos el exterior como si fuese algo distinto de nosotrɘs. Es tiempo de entender que el «medio» no nos pertenece, sino a la inversa. Cualquier ciencia que actualmente piense su objeto independientemente de ello acelerará la catástrofe.

A partir de aquí es donde deberíamos empezar a hablar de libertad hoy en día. En términos absolutos, la libertad no es un derecho, es ante todo un acto de conciencia que nos lleva a saber cómo actuar en cada circunstancia. En tiempos de bonanza es saber acatar las reglas del juego –el de la vida, con toda su muerte incluida– y, en las catástrofes, atemperar el ánimo, reconsiderar lo acometido amparad∂s por esa otra libertad que nos otorgamos en contra y a pesar de otr∂s, y enmendar. Curar significa ponernos a la escucha, no de los discursos sino del curso, y reconducir el rumbo.

Acerca de la dignidad

–La dignidad de un ser vivo depende del grado de su capacidad de sufrimiento –dijo el filósofo–; mientras no se demuestre lo contrario, los animales no sufren.

–A ver... Defina sufrimiento.

–Conciencia del dolor.

No quise insistir. Hacerlo hubiese revuelto necesariamente el baúl de los viejos conceptos, esos que tod∂s creemos entender del mismo modo. Pues, ¿qué entendía él por conciencia? Todo ser vivo grita y se debate cuando le dañan. ¿No es eso tener conciencia del dolor? Todo ser vivo tiembla y huye ante la posibilidad del daño. ¿No es eso anticipar el daño? ¿O se refería a esa re-flexión, o reflejo del daño en el espejo de la razón lingüística, que nos permite decir «*me* duele»? Ay, esa idea de que el humano se distingue de otros seres por tener lenguaje...

Seres racionales incapaces de acudir a esa misma razón para entender que el nuestro es tan sólo un lenguaje entre muchos otros, entre una infinita multitud de otros.

–Pero ¡es que el nuestro es articulado! –rezonga el filósofo.

–Ya... ¿Ha escuchado, acaso, el canto de los pájaros en una grabación de velocidad disminuida? ¿Se ha dado cuenta de que somos totalmente sordos a la mayor parte de sus modulaciones porque su voz vibra a una frecuencia que no podemos detectar?

–Pues no, pero...

–Acaso del hecho de que seres como nosotros, lᴓs humanᴓs, seamos incapaces de «entender» o, incluso, de percibir el lenguaje de otros seres, puede deducirse racionalmente que no tienen lenguaje?

–Bueno, no como el nuestro.

–Claro, por supuesto, no como el nuestro. ¿Y lo que quiere usted decirme es que el lenguaje humano es superior porque el de ellos no es «como el nuestro»? ¿No le parece esto un razonamiento un tanto incorrecto?

El antropocentrismo tiene muchas maneras de manifestarse y, en el coto de los intelectuales, hay, desde luego, mucho que barrer. «Gente peligrosa, los filósofos», decía Michel Serres. «Temo menos a aquellos que viven bajo droga que aquellos que andan bajo lengua, adictos al decir.»

Vivir *ad-dictum*: al dictado. Existir al dictado de la lengua. Adictos a sus repeticiones. A lo ya dicho. Al gesto acostumbrado de la lengua. El lenguaje como *adicción*.

¡Cuánta resistencia, la que nos mantiene aferrados a las rejas de nuestras *habita*ciones, al habitar del hábito! ¡Cuán arduo el camino que vislumbramos fuera! ¡Y cuán difícil, para cualquier filósofø, al final de su vida, decir «estaba equivocadø», desechar el trabajo realizado, y emprender de nuevo la tarea a partir de cero!

Es probable que los demás animales no se atormenten innecesariamente con pensamientos dolorosos. Esto, que debe ser propio de lo humano, es a lo que quizás podríamos llamar, con más propiedad, sufrimiento. La pérdida de un ser querido es dolorosa, sin duda, pero tan sólo el humano parece añadirle al dolor de la pérdida el tormento que supone no aceptarla o repasar en bucle los momentos más angustiosos. ¿Es esto algo que le otorgue superioridad sobre los otros animales?

Y el filósofo se retrepa en su sillón de orejeras, levanta el dedo índice, y dice:

–De todos modos, no me podrá negar que el humano es el grado más evolucionado del reino animal. Su cerebro tiene muchísimas más conexiones neuronales y, por tanto, una actividad mental muy superior a cualquier otro animal.

Típico. Cuando la razón le falla, el filósofo echa mano de los grandes titulares de la ciencia.

–Esto es lo que dice la ciencia, de acuerdo. Pero, volvamos a nuestro coto privado, que es el pensar. Veamos. A mi entender, de que un individuo o una especie tenga mayor actividad mental que otras no se deduce, en ningún caso, que dicho individuo o dicha especie sea *mejor* que las demás. A no ser, claro está, que se determine que una mayor actividad mental sea, de por sí, algo mejor o, dicho de otra manera, que la cantidad se entienda como un valor. Pero el valor de algo nunca es de por sí, sino que se establece en función de su utilidad. Una mayor actividad cerebral no les sería útil a una me-

dusa ni a un hongo para adaptarse a su entorno
y sobrevivir mejor de lo que lo hacen con la actividad que tienen. Dependiendo del caso, una
mayor actividad cerebral puede ser incluso con-
traproducente. Y, por supuesto, pensar más no
es sinónimo de pensar bien. La pregunta es:
¿Por qué el «más» nos atrae siempre tanto a lǝs
humanǝs?

Evidentemente –y esta es la otra parte de la
cuestión– un mayor desarrollo cerebral (y por
desarrollo habremos de entender el aumento
de las conexiones neuronales) tiene sus consecuencias. Entre ellas está esa capacidad de re-
flexión a la que aludía al principio. Las sen-
saciones se duplican en el proceso mental al
modo en que las nubes pasajeras se reflejan en
las aguas tranquilas de un estanque. De allí
que, para bien, o más bien para mal, la sensación de dolor se duplique igualmente. El paso
por la conciencia no es, en lo humano, sino ese
reflejo en el proceso mental, es decir, la imagen
reflejada transformada en idea y aumentada
por las asociaciones que se dan en ese proceso.
De ahí que pueda decirse que al dolor le añadi-
mos algo que es de otra naturaleza: el sufrimiento. Y en eso es en lo que, probablemente,
nos distinguimos de otros seres.

En definitiva, que nuestro cerebro tenga una mayor cantidad de neuronas que el de otros animales, no nos hace, a mi entender, ni ontológicamente, ni éticamente, ni estéticamente, ni siquiera adaptativamente superiores a ellos. La superioridad de la que podamos hablar no será, por tanto, ni ética, ni ontológica, sino tan sólo cuantitativa y tan sólo respecto a la composición de un órgano de cuyos elementos –las neuronas– se hace el recuento.

Poner al humano en la cúspide de una jerarquía evolutiva arbórea, por otra parte, tampoco tiene ya sentido. El propio Darwin, al final de su vida, consideró insuficiente su esquema del árbol. Entendió que la estructura de los corales, con sus múltiples y simultáneas derivaciones evolutivas, aun poniendo en entredicho el supuesto evolutivo de la monofilia (el ancestro común), daría una imagen mucho más adecuada de la evolución. Dicho de otra manera: tener en cuenta la complejidad de los factores que intervienen en su mayor adaptación al medio inestable en el que se desenvuelven nos llevaría sin duda a considerar la superioridad de no pocos organismos con respecto al humano.

Pero volvamos al inicio de esta conversación: «La dignidad de un ser vivo depende del grado de su capacidad de sufrimiento», decía usted. Típico de su gremio –y perdóneme esta generalización– enaltecer a sus semejantes valiéndose incluso de lo que pudiese considerarse tanto un defecto como una virtud. La dignidad como capacidad de aceptar sufrimiento... Verá, la dignidad es una palabra emparentada etimológicamente no tanto con la idea de la propia aceptación del dolor y la capacidad de aguantarlo estoicamente como con la aceptación social, es decir, con lo que se considera decente o apropiado. Sufrir, ciertamente, no es ni digno ni indigno. La capacidad de sufrir no tiene que ver con la dignidad sino con la sensibilidad del individuo y la facilidad que tenga para añadir mentalmente al dolor una carga suplementaria de sufrimiento, algo que repercute, evidentemente, en la conciencia del dolor. Otra cosa es la capacidad que se tenga de resistir al sufrimiento y no demostrarlo en público, algo que en ciertas sociedades y/o ciertas clases sociales resulta estimable y se emparenta con la dignidad. Y, por último, está la aceptación del sufrimiento, algo en lo que los demás animales nos superan con creces. Basta con ver cómo mueren ellos, con qué entereza y comprensión, con qué... dignidad.

Si le soy sincera, lo que me quedaba claro, en ese momento de la conversación, es que aquel filósofo habría necesitado realizar un máster práctico de convivencia con otros seres antes de pronunciarse acerca de las respectivas capacidades de cada uno.

Pero he aquí que, a la desesperada, nuestro filósofo decide apoyarse en la jurisprudencia de su disciplina y, acudiendo ahora a los textos kantianos, nos dice que sólo el humano posee dignidad porque sólo él es capaz de ponerse normas morales. Sintiéndolo mucho, tuve que recordarle entonces que Kant (a quien, empero, siempre tuve en gran estima), más allá de sus geniales aportaciones al pensamiento crítico, también afirmaba, por ejemplo, que las personas de tez negra nacían blancas porque así eran las palmas de sus manos al nacer. Saltándonos este desliz, tenía razón el filósofo de Königsberg en lo siguiente: la dignidad tiene que ver con la moral, porque la dignidad es una virtud moral. O, dicho de otra manera: es digno lo que por unanimidad (o por mayoría) consideramos digno. Si, pues, consideramos que es digno ponernos normas morales, pues así será. Sólo que, de ahí a deducir que por ello seamos superiores, hay un paso, que me parece ser más bien una petición de principio. Pues ¿acaso necesitan código moral los otros animales? ¿No les basta con la ley natural, que cumplen a las mil maravillas? Si necesitamos regular nuestros comportamientos sociales ¿acaso no es precisamente porque somos capaces de infringirla? Y esto es algo que no sólo no nos beneficia, sino que más bien nos perjudica. Quebrantando las reglas del organismo que somos entre tod∂s es como desequilibramos el ecosistema planetario y corremos el riesgo de destruirlo. ¿Cómo suponer que la capacidad de infringir estas leyes –o decidir no hacerlo– sea algo que determine una superioridad? ¿No deberíamos más bien preguntarnos cómo recuperar la conciencia de nuestra pertenencia? ¿Qué nos aporta, realmente, la idea de nuestra superioridad?

–¡Nuestra superioridad reside en la capacidad de decidir! –declara entonces el filósofo, elevando el tono a la vez que el mentón y el dedo índice–. ¡Somos libres de decidir y de establecer leyes que rijan nuestros comportamientos!

–Ah. Pues así nos va...

Pensar como pulpo

«¡No somos animales, somos humanos!», exclamaba con indignación una joven manifestante. ¡Ay!... Incrustado en la lengua, el trato recibido por los (otros) animales a lo largo de los siglos. «¡No somos animales!», grita, sin darse cuenta de que, con esta expresión, está justificando el comportamiento de una especie incapaz de respetar a lǝs otrǝs compañerǝs.

Calificamos de «inhumanos» los comportamientos que nos repugnan, sin pararnos a pensar que los no humanos jamás se comportarían de esa manera, y utilizamos el término «humanidad» como sinónimo de generosidad y empatía cuando de sobra sabemos que lo que nos caracteriza es más bien todo lo contrario, que lo que llamamos compasión no es privativo de nuestra especie, mientras que, aparentemente, sí lo es su grado de crueldad y el olvido o la de-

sestimación de las leyes naturales, que cuanto
«más humano» sea nuestro mundo, mayor será
el desequilibrio producido y más rápido el pro-
greso hacia la entropía.

Homo sapiens obliviosus. De muchos sabe-
res y poca memoria. Olvidado del origen de su
lenguaje tanto como de su íntima pertenencia al
suelo, aquel animal olvidadizo no recuerda que
el mismo vocablo «humano» con el que se iden-
tifica proviene del latín *humus*, que significa
«tierra». El *humus*, el suelo, no es algo que nos
pertenezca, sino algo a lo que pertenecemos.
Y es lamentable que en palabras como «humanismo» la conciencia de ese suelo común se
nos pierda. El sufijo -ismo convierte todo lo que
toca en doctrina. Todo -ismo separa. Todo
-ismo crea un oponente (cuando no un enemigo) y convierte la teoría en ideología. Tomando
al ser humano como medida de todas las cosas,
el humanismo reforzó, a lo largo de la historia,
los fundamentos de un antropocentrismo que,
presente ya en los mitos hebreos que adopta-
ron, sustentaría la forma de ver y de pensar que
caracteriza a los pueblos de Occidente y que,
precisamente ahora, nos conviene transformar.

Las palabras no son inocentes. Llevan un
lastre. Cuando pensamos, lo hacemos con pala-

bras que lo acarrean. Tal como hablamos, pensamos, y tal como pensamos, actuamos. De modo que, dependiendo de las palabras que utilicemos, así será nuestro mundo. Cuando hablamos de humanismo separamos lo humano del resto del universo, situamos nuestra especie en la cúspide de nuestras taxonomías y obstaculizamos las vías que pudiesen ayudarnos a construir un mundo nuevo.

Si queremos mejorar lo presente, será necesario aprender a pensar de otro modo, sobre otras bases, y no son pocas las voces que, desde distintos sectores de las ciencias, nos instan a trabajar en ese sentido. Hallar, para empezar, la manera de construir taxonomías no antropocéntricas, clasificaciones que no sean jerárquicas sino más bien reticulares. Elaborar cuadrantes de interacciones en vez de clasificaciones arbóricas, mapas de mutuas prestaciones en vez de códigos filogenéticos o de simples hibridaciones. Adoptar perspectivas reticulares, tentaculares incluso. Tomar al pulpo, por ejemplo, como medida: un sistema nervioso complejo no centralizado y con una enorme capacidad de aprendizaje... Nosotros, los humanos, que tanta dificultad tenemos en poner de acuerdo las dos manos para tocar una fuga al piano, ¿no deberíamos preguntarnos cómo hace el pulpo para coordinar sus ocho tentáculos, realizar sus síntesis y procesar la información? «Pensar como pulpo», como sugería la filósofa de la ciencia Vinciane Despret, nos llevaría quizás a otro punto de partida. Estamos acostumbrados a pensar en términos de individuos pero, bióticamente, no existe el individuo. Todo organismo es a su vez una galaxia, una complejidad simbiótica. Cada cuerpo es un ecosistema –o un *holobionte*, como lo llamaba la bióloga Lynn Margulis: un todo (*holos*) viviente (*bios*)– integrado en otros ecosistemas.

Pensar a partir de otras bases significa hacer preguntas distintas, que no concuerdan, por lo general, con los medios de experimentación al uso (todo experimento está diseñado para obtener ciertas respuestas y no otras; todo instrumento es una pregunta, y toda pregunta encierra, como sabemos, sus posibles respuestas). Plantear, pues, preguntas inconvenientes, preguntas que desafíen no sólo las prácticas habituales, sino también la manera de interrogarnos, especialmente en medicina, pues, si seguimos obviando las relaciones de los cuerpos con lo que se ha llamado «medio», seguiremos atendiendo al síntoma y añadiendo al desorden otros desequilibrios.

Quiero insistir, por eso, en la necesidad de integrarnos a lo diferente (y no a la inversa), pensar no a partir de lo que nos distingue sino a partir de lo que nos asemeja radicalmente: la tendencia perpetua de los cuerpos a desorganizarse para reorganizar, de otro modo, el todo al que pertenecen. Al fin y al cabo, no es otra cosa este universo del que formamos parte que una danza de partículas, y lo que importa es aprender a danzar.